BEI GRIN MACHT SICH IHR WISSEN BEZAHLT

- Wir veröffentlichen Ihre Hausarbeit,
  Bachelor- und Masterarbeit

- Ihr eigenes eBook und Buch -
  weltweit in allen wichtigen Shops

- Verdienen Sie an jedem Verkauf

Jetzt bei www.GRIN.com hochladen und kostenlos publizieren

Daniela Kuck

Das sozioökonomische Panel. Eine Kritik der Shell-Jugendstudie 2006

GRIN Verlag

Bibliografische Information der Deutschen Nationalbibliothek:

Die Deutsche Bibliothek verzeichnet diese Publikation in der Deutschen National-
bibliografie; detaillierte bibliografische Daten sind im Internet über http://dnb.d-
nb.de/ abrufbar.

Impressum:

Copyright © 2011 GRIN Verlag GmbH
Druck und Bindung: Books on Demand GmbH, Norderstedt Germany
ISBN: 978-3-656-62168-3

Dieses Buch bei GRIN:

http://www.grin.com/de/e-book/270668/das-soziooekonomische-panel-eine-kritik-
der-shell-jugendstudie-2006

UNIVERSITÄT AUGSBURG
PHILOSOPHISCH-SOZIALWISSENSCHAFTLICHE FAKULTÄT
Lehrstuhl für Pädagogik mit Berücksichtigung der Erwachsenenbildung und außerschulischen Jugendbildung

Sommersemester 2011

Seminar
Ausgewählte wissenschaftliche Methoden

Das sozio-ökonomische Panel

Verfasser
Daniela Kuck

Abgabe
30.September 2011

Kuck, Daniela
B.A. Erziehungswissenschaft, 2. Semester

INHALTSVERZEICHNIS   Seite

1 Beschreibung des SOEP unter besonderer Berücksichtigung des Jugendfragebogens

Das sozio-ökonomische Panel ist eine in Deutschland durchgeführte Längsschnittstudie und dient als repräsentative Wiederholungsbefragung. Diese wird seit 1984 jährlich mit den selben Personen durchgeführt. Dabei werden 11.000 Haushaltsbefragungen und 20.000 Personenbefragungen gemacht. Die Befragungen finden in alten und neuen Bundesländern statt, sodass ein Ost-West-Vergleich möglich ist. Auch Ausländer- und Zuwandererstichproben werden betrachtet. Auftraggeber dieser Studie ist das Deutsche Institut für Wirtschaftsforschung, durchgeführt wird sie von TNS Infratest. Die Studie dient dazu, Veränderungen in den Bereichen Demografie, Wohnsituation, Mobilität, Einkommen und Gesundheit zu registrieren und auszuwerten.

Im Haushaltsfragebogen, der vom Haushaltsvorstand ausgefüllt wird, werden Daten über die Haushaltssituation, die finanzielle Situation und die Haushaltsausstattung, sowie die Kinder und deren Kindergarten- oder Schulbesuch erhoben.

Im Personenfragebogen werden alle Personen des Haushalts ab 17 Jahren befragt. Dabei sind besonders die Themen Ausbildung/Erwerbstätigkeit, Gesundheit, Einstellungen/Meinungen/Werte, Herkunft, familiäre Situation, Geschlecht, Familienstand, Situation der Partnerschaft und geleistete finanzielle Unterstützung wichtig.

Im Jugendfragebogen werden Fragen gestellt, die Jugendliche besonders betreffen. Es geht als schwerpunktmäßig um Schulbildung, Freizeitverhalten, Sozialverhalten, Politikbegeisterung, Einstellungen, Meinungen und Beziehungen der Jugendlichen.

2 Beschreibung der ausgewählten Stichprobe

Die Stichprobe des Jugendfragebogens besteht aus 346 Jugendlichen. Sie teilen sich auf in 181 Jungen und 165 Mädchen. 96,2% sind in Deutschland geboren, davon 73,1% in Westdeutschland und 23,1% in Ostdeutschland. Die meisten der im Ausland geborenen Jugendlichen kommen aus Russland und Kasachstan und sind 1992/93 nach Deutschland gezogen. Heute haben 93,6% der nicht in Deutschland geborenen Jugendlichen jedoch die deutsche Staatsbürgerschaft und auch nur 3,1% haben eine zweite Staatsbürgerschaft. Bei 302 von 346 Jugendlichen ist deutsch die

Muttersprache beider Eltern. Ihre Schreibkompetenz schätzen 58,1% der ausländischen Jugendlichen als sehr gut und 27,9% als gut ein. Ihre Sprechkompetenz beurteilen 67,4% der Jugendlichen mit Migrationshintergrund als sehr gut und 25,6% als gut. 45,8% der Jugendlichen besuchen das Gymnasium und 20,6% die Realschule. Nur 5,2% besuchen keine Schule. Nur 3,1% der Jugendliche haben eine zweite Staatsangehörigkeit, meist aus der Türkei, Italien oder den USA. 95,7% haben diese seit der Geburt.

3 Jugend und Freizeit

(a) Beschreiben Sie das Freizeitverhalten der Jugendlichen.

Auffällig ist, dass 76,8% der Jugendlichen täglich und 17,7% jede Woche Fernsehen. Das arithmetische Mittel von 1,33 bestätigt dies, da bei dieser Frage 1 bedeutet, täglich fern zu sehen. Auch der Modus, also der Wert, der am häufigsten vorkommt, ist 1. Die Angaben zur Schiefe zeigen, dass es sich nicht um eine Normalverteilung handelt. Die Verteilung ist linkssteil. Die Standardabweichung liegt bei 0,707. Das bedeutet, die Streuung ist ziemlich gering. Nur 1 Person hat diese Frage nicht beantwortet.

Bei Computerspielen zeichnet sich keine konkrete Mehrheit ab. Der Modus liegt jedoch bei 1, also ist der häufigste genannte Wert täglich. Der Wert der Schiefe liegt bei 0,052. Das heißt, dass die Verteilung linkssteil ist.

Eindeutiger wird es dagegen wieder beim Musik hören, 84,3% machen dies täglich und 10,4% wöchentlich. Dies bestätigt auch der Modus, der bei 1, also täglich, liegt. Auch diese Verteilung ist linkssteil mit einer nur geringen Streuung von 0,702.

Musik selber zu machen steht bei den Jugendlichen jedoch nicht so hoch im Kurs. Nur 29,6% tun dies täglich. Der Modus von 5 zeigt, dass die meisten nie angegeben haben. Mit einem Wert der Schiefe von -0,172 ist diese Verteilung rechtssteil.

Sport zu treiben scheint dagegen ziemlich beliebt. 44,2% machen es täglich und 22,3% wöchentlich. Der Modus von 2, also wöchentlich, bestätigt dies. Mit 0,625 ist diese Verteilung linkssteil.

25,1% der Jugendlichen lesen täglich und immerhin 23,1% wöchentlich. Leider arbeiten 52,6% der Jugendlichen nie ehrenamtlich. Dagegen geben 27,2% an täglich und 35,8% wöchentlich abzuhängen, nichts zu tun oder zu träumen. Nur 31,4% der Jugendlichen sind wöchentlich mit einem festen Freund oder einer festen Freundin zusammen. Mit dem besten Freund oder der besten Freundin treffen sich hingegen 29,7% täglich und 53,1% wöchentlich. Auch mit der Clique treffen sich 20,6% der Jugendlichen täglich und 51,7% wöchentlich. Im Internet zu surfen und zu chatten scheint auch als wichtige Freizeitbeschäftigung der Jugendlichen. 42,6% tun dies täglich und 23,2% wöchentlich. Ins Jugendzentrum oder Freizeitheim gehen der Großteil der Jugendlichen (70,1%) nie. Auch der Kirchgang und der Besuch religiöser Veranstaltungen erfreut sich wenig Beliebtheit. Nur 9,6% besuchen wöchentlich und 8,7% monatlich die Kirche. 30,1% der befragten Jugendlichen musizieren aktiv.

(b) Analysieren Sie, ob sich das Freizeitverhalten von Jungen und Mädchen unterscheidet, von Jugendlichen mit Migrationshintergrund und ob es von der besuchten Schulform abhängig ist.

Beim Fernsehen lässt sich kein Unterschied zwischen den Geschlechtern feststellen. 79,4% der Jungs und 73,9% der Mädchen schauen täglich fern. Dies bestätigen auch die standardisierten Residuen, die alle unter 2,0 liegen. Das heißt, dass kein Einfluss des Geschlechts auf das Fernsehverhalten vorliegt. Der Chi²-Test ist dabei nicht anwendbar, mehr als 20% der Zellen mit einer erwarteten Wahrscheinlichkeit kleiner als fünf besetzt sind. Die Korrelation ist sehr schwach, was abermals bestätigt, dass zwischen Geschlecht und Fernsehverhalten kein nennenswerter Zusammenhang besteht.

Auch beim Kirchgang und dem Besuch religiöser Veranstaltungen besteht keine Signifikanz. Die sehr schwache Korrelation und die standardisierten Residuen kleiner als 2,0 zeigen, dass das Geschlecht keinen Einfluss auf kirchliche und religiöse Freizeitgestaltung hat.

Bei den Computerspielen ist der Unterschied höchst signifikant, das heißt das Geschlecht hat großen Einfluss auf die Ausübung dieser Freizeitaktivität. 43,1% der Jungen und nur 9,7% der Mädchen spielen täglich Computerspiele. Der Chi²-Test ist auswertbar. Es ist eine mittlere Korrelation mit dem Wert 0,506 nachzuweisen. Es besteht also ein positiver Zusammenhang. Jungs spielen also häufiger am Computer als Mädchen.

Vergleichen wir nun Freizeitverhalten und Migrationshintergrund. Beim Fernsehen ist der Chi²-Test nicht auswertbar, da mehr als 20% der Zellen mit einer erwarteten Wahrscheinlichkeit kleiner als fünf besetzt sind. Es besteh also kein Zusammenhang zwischen Fernsehverhalten und Migrationshintergrund.

Bei den Computerspielen ist der Zusammenhang auch nicht signifikant, da der Wert des Chi²-Tests bei 0,113 liegt.

Auch beim Musik machen und Sport treiben lässt sich ein nicht signifikanter Zusammenhang zwischen Migrationshintergrund und Freizeitverhalten analysieren.

Vergleichen wir nun Schulform und Freizeitverhalten. Zwischen Schulform und Fernsehen gibt es einen nicht signifikanten Zusammenhang, der Chi²-Test ist nicht auswertbar.

Beim Lesen gibt es einen mit dem Wert von 0,015 signifikanten Zusammenhang zwischen Schulform und Freizeitverhalten. Die Korrelation beträgt -0,226 und ist somit schwach in negativer Richtung. Das bedeutet, dass Gymnasiasten wesentlich häufiger lesen als Hauptschüler und Realschüler.

Bei ehrenamtlicher Tätigkeit und technischem Arbeiten/programmieren besteht kein Zusammenhang zwischen Schulform und Freizeitverhalten.

(c) Versuchen Sie eine Index über unterschiedliche Freizeitbeschäftigungen zu erstellen. Begründen Sie Ihre Zusammenstellung und analysieren Sie, ob sich mit dem Index Unterschiede in Geschlecht, Schulform oder Migrationshintergrund zeigen.

Bei der Bildung eines Index habe ich mich für folgende Kategorien entschieden: Orientierung an neuen Medien, musikalische Orientierung, körperliche Orientierung, gruppenorientiert, soziale Orientierung und significant others. Hierbei wurde Fernsehen, Computerspiele und Internet zur Orientierung an neuen Medien, Musik hören und Musik machen zur musikalischen Orientierung, Sport treiben und Tanz, Theater zur körperlichen Orientierung, nichts tun, mit festem und bestem Freund zusammen sein, mit der Clique zusammen sein und ins Jugendzentrum gehen zur Gruppenorientierung gezählt. Ehrenamtliche Tätigkeit und Kirchgang gehören in den

Bereich der sozialen Orientierung. Technisches Arbeiten und Lesen ließen sich schwer zuordnen und gehören deshalb in meinem Index zu den significant others.

Aus der Indextabelle lässt sich ablesen, dass sich mit 34,2% die meisten Jugendlichen an den neuen Medien orientieren. Danach folgt mit 23,9% die Gruppenorientierung. Auffällig wenig Anklang findet mit 1,2% die körperliche Orientierung und auch die soziale Orientierung rückt mit 10,3% weit in den Hintergrund.

4 Jugend und Beziehungen

(a) Beschreiben Sie die Soziale Orientierung der Jugendlichen: Ist Familie wichtiger oder haben die Peers größere Bedeutung?

Der Index zur sozialen Orientierung enthält: Elternorientierung, Peer-Orientierung, erweiterte Familie, significant others und integrativ. Hierbei zählten immer die Antworten sehr wichtig und wichtig. Anhand dieser nun entstehenden Tabelle kann man erkennen, dass die meisten Jugendlichen (83,1%) integrativ orientiert sind. Das heißt, ihnen sind sowohl Eltern und Familie, als auch die Peers wichtig.

(b) Wie schätzen Sie das Verhältnis der Jugendlichen zu ihren Eltern ein?

Es ist überraschend, dass die Eltern bei der sozialen Orientierung doch recht gut abschneiden und die Jugendlichen auch noch Wert auf deren Meinung und Umgang mit den Eltern und der Familie legen. Auch dadurch dass die Erziehung nicht mehr so streng ist, wie früher, haben die meisten Jugendlichen ein eher freundschaftliches Verhältnis zu ihren Eltern und der Familie. Das erkennt man auch daran, dass es die Jugendlichen heutzutage nicht mehr so eilig haben, von zu Hause auszuziehen und sich von den Eltern abzukapseln.

84% der Jugendlichen ist der Vater sehr wichtig und wichtig, bei 95,3% ist es die Mutter. Das sind überraschend hohe Zahlen, die den oben Vermuteten Zusammenhang bestätigen. Bei der Wichtigkeit des Vaters gaben jedoch auch 4,1% der Jugendlichen an, dass diese Person nicht da sei. Ich hätte dieses Ergebnis aufgrund der vielen alleinerziehenden Mütter höher vermutet. Auffallend ist, dass die Mutter für die Jugendlichen eine sehr große Rolle spielt und sehr wichtig ist.

(c) Unterscheidet sich dieses Verhältnis zwischen Jungen und Mädchen oder Jugendlichen mit Migrationshintergrund?

Beim Zusammenhang Migration und Wichtigkeit Vater ist der Chi²-Test nicht auswertbar, da mehr als 20% der Zellen mit einer erwarteten Wahrscheinlichkeit kleiner als fünf besetzt sind. Die Korrelation beträgt -0,083 und ist damit sehr schwach, es besteht also ein negativer Zusammenhang zwischen Migration und Wichtigkeit des Vaters. Das bedeutet, dass die deutschen Jugendlichen eine höhere Wichtigkeit des Vaters angegeben haben. Aus den Häufigkeitstabellen kann man bestätigend ablesen, dass 153 der Jugendlichen ohne Migrationshintergrund der Vater sehr wichtig und 100 wichtig ist. Bei den Jugendlichen mit Migrationshintergrund ist 29 der Vater sehr wichtig und 5 wichtig.

Auch beim Zusammenhang Migrationshintergrund und Wichtigkeit Mutter ist der Chi²-Test nicht auswertbar, die Korrelation liegt bei -0,143, es besteht also wieder ein negativer Zusammenhang mit sehr schwacher Korrelation. Das bedeutet wieder, dass die deutschen Jugendlichen eine höhere Wichtigkeit der Mutter angeben.

Beim Zusammenhang Geschlecht und Wichtigkeit des Vaters ist der Chi²-Test auswertbar. Der Wert liegt bei 0,097 und ist damit nicht signifikant. Die Korrelation liegt bei 0,057, also sehr schwach positiv. Auch in der Häufigkeitstabelle kann man ablesen, dass zwischen Jungen und Mädchen nahezu kein Unterschied besteht, wie wichtig ihnen der Vater ist.

Der Chi²-Test beim Zusammenhang Geschlecht und Wichtigkeit Mutter ist nicht auswertbar, da wieder mehr als 20% der Zellen mit einer erwarteten Wahrscheinlichkeit kleiner als fünf besetzt sind. Der Wert der Korrelation beträgt -0,006 sehr schwach negativ. Auch aus der Häufigkeitstabelle kann man keinen Unterschied zwischen Jungen und Mädchen und der Wichtigkeit der Mutter feststellen.

5 Jugend und Politik

(a) Immer wieder hört man, die Jugend von heute sei unpolitisch. Was sagen die Ergebnisse des SOEP dazu? Präferieren die Jugendlichen eine bestimmte Partei?

Das Interesse für Politik ist bei 50,6% der befragten Jugendlichen nicht so stark und sogar 27,9% interessieren sich überhaupt nicht für Politik. Insgesamt sind also nur 21,5% der Jugendliche an Politik interessiert. Ein erschreckendes Ergebnis, das jedoch zu erwarten war.

Nur die wenigsten Jugendlichen neigen zu einer bestimmten Partei. 7,8% der insgesamt befragten Jugendlichen neigen zur SPD, 4,3% zur CDU und 3,5% zu den Grünen. Nur 20,2% geben also insgesamt an, zu einer bestimmten Partei zu tendieren.

(b) Unterscheiden sich Jungen in ihrem politischen Interesse und in ihrer Nähe zu einer Partei von Mädchen?

Beim Zusammenhang Geschlecht und Parteiorientierung ist der Chi²-Test nicht auswertbar, da mehr als 20% der Zellen mit einer erwarteten Wahrscheinlichkeit kleiner als fünf besetzt sind. Die Korrelation beträgt 0,046 und ist damit sehr schwach positiv. Auch in der Häufigkeitstabelle lassen sich keine signifikanten Unterschiede zwischen Jungen und Mädchen feststellen.

Beim Interesse für Politik ergibt der Wert des Chi²-Tests 0,131 und ist damit nicht signifikant. Ein eventuell ablesbarer Zusammenhang ist also zufällig. Dies bestätigt auch die mit 0,121 sehr schwache Korrelation. Auch in der Häufigkeitstabelle sind nur wenig Unterschiede zwischen Jungen und Mädchen abzulesen.

6 Jugend und Einstellungen

(a) Haben wir es insgesamt mit einer eher zufriedenen oder eher unzufriedenen Jugend zu tun?

Anhand der Auswertung der Frage der Lebenszufriedenheit kann man sehen, dass sich die häufigsten Antworten im letzten Drittel befinden. 29,8% der befragten Jugendlichen kreuzten auf der Skala von 1-ganz und gar unzufrieden bis 10-ganz und gar zufrieden, die 8 an. 20,2% entschieden sich für die 9 und immerhin 7,9% für die 10. Nur 0,6% wählten die 1, 1,5% die 2 und 1,2%die 3. Ich würde also sagen, dass wir es insgesamt mit einer eher zufriedenen Jugend zu tun haben. Dies kann sich natürlich schnell ändern und ist meist abhängig von der momentanen Verfassung, in der der Fragebogen ausgefüllt wird.

(b) Wie kommt man, nach Meinung der hier befragten Jugendlichen, zu gesellschaftlichem und damit auch beruflichem Erfolg?

Beim Thema Fleiß sind sich die Jugendlichen weitgehend einig. 221 der Befragten (und damit 64,4%) stimmen voll zu und 109 der Befragten stimmen eher zu (31,8%). Also sind insgesamt 96,2% der Jugendlichen der Meinung, dass Fleiß eine sehr wichtige Rolle spielt, um gesellschaftlichen und beruflichen Erfolg zu erlangen. Die heutige Jugend hat also Fleiß als wichtige Tugend erkannt und weiß, dass Fleiß nötig ist, um im Leben etwas zu erreichen.

Auch bei der Frage, ob das Ausnutzen anderer von Nöten ist, sind sich die Jugendlichen größtenteils einig. 18,1% stimmen voll oder eher zu und 81,9% stimmen überhaupt nicht oder eher nicht zu. Die Jugendlichen haben also mehrheitlich erkannt, dass man auch Rücksicht auf andere nehmen muss, nicht nur aus eigenem Vorteil heraus handeln darf und die Ausnutzung anderer nicht notwendig ist, um Erfolg zu haben.

Auffällig ist, dass bei der Frage der familiären Herkunft hingegen Uneinigkeit herrscht. 47,1% stimmen voll oder eher zu und 53% stimmen eher und überhaupt nicht zu.

Beim Einfluss des Schulabschlusses sind sich die Jugendlichen aber wieder einig. 90,9% stimmen voll und eher zu, dass ein guter Schulabschluss zu Erfolg führt. Die Jugendlichen sind sich also der Wichtigkeit der Schulbildung bewusst und kennen die Konsequenzen für den späteren beruflichen Erfolg.

Auch auffällig ist, dass 267 von 346 befragten Personen denken, dass Erfolg durch Beziehungen erlangt werden kann. Offensichtlich ist es also an der Tagesordnung, dass Jugendliche aufgrund von Beziehungen, bei der Berufswahl oder ähnlichem bevorzugt oder benachteiligt werden.

Politisches Engagement spielt bei der Erfolgsfrage nur eine geringe Rolle. Nur 28,8% sind der Meinung, dass politisches Engagement zu beruflichem und gesellschaftlichem Erfolg führt.

Auch Initiative ist nach Meinung der Jugendlichen eine wichtige Eigenschaft, um aus der Masse herauszustechen. 90,9% erachten dies als wichtig.

(c) Schätzen Jungen und Mädchen, Realschüler oder Gymnasiasten oder Jugendliche mit Migrationshintergrund das unterschiedlich ein?

Anhand der Häufigkeitstabellen lässt sich ablesen, dass der Großteil der Schüler Erfolg durch Fleiß voll und eher zustimmt. Der Chi²-Test ist hierbei nicht auswertbar, das bestätigt, dass es keinen Zusammenhang gibt. Auch der Migrationshintergrund und das Geschlecht haben keinen Einfluss darauf, wie die Befragten auf die Frage nach Erfolg durch Fleiß antworteten.

Das Geschlecht, die Schulform und der Migrationshintergrund stellen keinen Zusammenhang dar, wenn es um Erfolg durch die Ausnutzung anderer geht. Auffällig ist jedoch, dass man aus den Häufigkeitstabellen ablesen kann, dass mehr Deutsche als Migranten voll und eher zustimmen.

Bei Erfolg durch Intelligenz lässt sich in den Häufigkeitstabellen ablesen, dass die Schüler ohne Migrationshintergrunde dem größtenteils voll (89 Personen) und eher (160 Personen) zustimmen. Die befragten Personen mit Migrationshintergrund sind sich bei dieser Frage eher uneinig. Dies kann vielleicht daran liegen, dass Deutsche mehr Wert auf beruflichen Erfolg und gesellschaftliches Ansehen legen. Für Migranten könnten eher familiäre Werte wichtig sein.

Bei Erfolg durch Fachkenntnissen fällt in den Häufigkeitstabellen auf, dass viele Gymnasiasten dem voll und eher zustimmen. Und auch die Deutsch stimmen dem eher zu, als die Migranten. Bei den Geschlechtern lässt sich anhand der Häufigkeiten kein Unterschied erkennen.

7 Fazit

Forschungsbedarf gibt es meiner Meinung nach beim Thema Führerschein und Auto/Moped. Fragen, ob die Jugendlichen schon einen Führerschein haben, oder vorhaben einen zu machen, ob die Jugendlichen ein Auto oder Moped besitzen, fehlen völlig. Auch die Thematik Begleitetes Fahren ab 17 taucht nicht auf.

In der mir vorliegenden Shell-Jugendstudie von 2006 wurden im Unterschied zum Jugendfragebogen 2532 Jugendlichen zwischen 12 und 25 Jahren befragt. Die Stichprobe ist also wesentlich größer und demzufolge auch aussagekräftiger. 1953 wurde die erste Shell-Jugendstudie von der Universität Bielefeld und TNS Infratest durchgeführt, es liegen also auch mehr Vergleichsdaten aus vorherigen Studien vor. Insgesamt, ist die Shell-Jugendstudie für meine Begriffe wesentlich ausführlicher und detaillierter. Sie frägt zum Thema Politik zum Beispiel konkret nach der Akzeptanz der Demokratie oder der Zufriedenheit mit der gegenwärtigen politischen Situation. Es werden auch konkrete Fragen gestellt, zu den Einstellungen gegenüber Migranten, ob Diskriminierungserfahrungen im Alltag aufgetreten sind und nach der Toleranz bestimmter Gruppen. Es wird auch gefragt, ob man zum Beispiel im Praktikum das Gefühl hat ausgenutzt zu werden oder ob man gerne in die Schule geht. Diese konkreten Fragen fehlen mir beim Jugendfragebogen. Wenn man erst einmal den Fragebogen der Shell-Jugendstudie gesehen hat, gewinnt man den Eindruck, dass der Jugendfragebogen etwas oberflächlich ist und die wirklich wichtigen Fragen nicht beinhaltet.

8 Literaturverzeichnis

Shell, D. (Ed.) (2006): Jugend 2006. Eine pragmatische Generation unter Druck. Frankfurt/M.: Fischer-Taschenbuch-Verlag.